Wolkig bis Heiter

von

Petra Meyer

Impressum

Bibliografische Information der Deutschen Nationalbibliothek: Die Deutsche Nationalbibliothek verzeichnet diese Publikation in der Deutschen Nationalbibliografie; detaillierte bibliografische Daten sind im Internet über dnb.dnb.de abrufbar.

© 2025 Petra Meyer

Verlag: BoD · Books on Demand GmbH, In de Tarpen 42, 22848 Norderstedt, bod@bod.de Druck: Libri Plureos GmbH, Friedensallee 273, 22763 Hamburg

ISBN: 978-3-7693-9021-6

Covergestaltung und Illustrationen Maximé Meyer, ``mamomee``

Vorwort

Worte nichts als Worte

Worte die aus Federn stammen
werden manchmal zu Gedichten

Wer Worte in Träume bettet
sie in den Tag hinüber rettet
dem gebe die Feder in die Hand
zum Schmieden von Fersen und Gedichten
mit tausend Worten geschriebene Geschichten
damit sie den Leser berühren
in neue Träume entführen

wolkig

Erinnerungen

Erinnerungen verblassen
jeden Tag ein bisschen mehr
bei manchen ist es sicher gut
dass sie mich nicht mehr quälen
mir keine Angst mehr machen
mir meine Freude am Leben stehlen
doch die Schönen möchte ich halten
die Positiven und Freudigen
die kleinen Glücksmomente
die meine Seele berührten
ich schreibe sie in mein Herz
und erzähle davon im Kreis meiner Lieben
so bleiben sie lebendig und leuchten weiter
bis ich sie eines Tages mit mir nehme
doch vielleicht
wer weiß das schon
erzählt dann jemand anders davon

Manchmal tut es noch weh

Wir hatten uns aus dem Blick verloren
Du warst da, doch ständig fern
Ich hielt dir über Jahre den Rücken frei
damit du dich verwirklichen konntest
Dabei bin ich auf der Strecke geblieben
Meine Tränen liefen heimlich
denn ich wollte doch stark sein für dich
Meine Seele schrie mein Herz wurde krank
den Anlass dafür hast du nicht erkannt
Ich liebte dich so sehr doch zwischen uns
war nur noch Stille eine Mauer aus
Schweigen
Die Zeit als unser Weg noch derselbe war
dieser Teil unserer Liebe er war nicht mehr da
Wir lebten schon sehr lange jeder für sich
nur wahrhaben wollten wir es nicht
Nach 18 Jahren bat ich dich zu gehen
ich weiß du kannst es bis zum heutigen Tag
nicht verstehen
Ich gehe seither meinen Weg ohne dich
doch leicht ist es nicht
Ich habe entschieden
doch
manchmal tut es noch weh und die Gedanken
kreisen
Du wirst immer bleiben als Riss in meinem
Herzen
Sehnsucht

*Ich blicke weit nach oben
und seh den Wolken zu
wie sie im Wind verfliegen*

*Ich blick noch weiter
tiefer
seh genauer hin
Kann ich dich erspähen
in den Wolkenbetten*

Bist du da oben irgendwo?

*Ich werde es nicht wissen
bis wir uns einmal Wiedersehen
beim Spiel mit Wolkenkissen*

Ich

Ich war einmal ein Neugeborenes
dessen Körper unbefleckt dessen Seele heil
und dessen Herz rein war

Ich war einmal eine Sechsjährige deren Weg
mit Kummer und Leid gepflastert wurde
ungeliebt ungewollt und zurück gewiesen
von der eigenen Mutter

Ich war einmal eine Zwölfjährige
deren Leidensweg zur Hölle wurde
durch Missbrauch an Körper und Seele
begangen von dem Menschen
der mich hätte beschützen sollen

Ich war einmal eine Einundzwanzigjährige
die glaubte der Hölle entkommen zu sein
doch das zerstörende Feuer
brannte sich tiefer in die Seele
und das Schicksal schlug noch härter zu

Ich war einmal eine Vierunddreißigjährige
die sich Hilfe suchte und den Mut aufbrachte
das Schweigen zu brechen
das kostete mich meine Wurzeln
ich starb

*Ich war einmal eine Sechsundfünfzigjährige
die ihren Leidensweg beenden konnte
doch die Flecken auf der Seele
die Narben auf dem Körper
und
die Risse im Herzen bleiben*

Ich bin eine Zweiundsechzigjährige und lebe

Da sitzt du wieder

Ummantelt von der Stille deiner Einsamkeit
In Gedanken versunken
an eine längst vergangene Zeit
Wirst du noch einmal das fröhliche Hüpfen
deines Herzens spüren
so wie damals als du zum ersten Mal verknallt
warst
Noch einmal in rosarote Wolken tauchen
und die Glückseligkeit der Freiheit genießen
Das liegt ganz allein bei dir
denn was vergangen ist
kannst du nur in deiner Erinnerung
verwahren
und das, was noch kommen mag
ist nicht vorherbestimmt
Doch ob du dein Leben lebst jeden Tag
voller kleiner Freuden
das liegt allein in deiner Hand

Deine kleine Insel

Ich bin deine kleine Insel hast du gesagt
bei dir kann ich rasten und ruhen
Du versorgst mich mit allem was ich brauche
und ich muss nichts dafür tun
Nur genießen sollte ich
ohne des Alltags plagen
Der starke Fels im tobenden Meer
das wolltest du für mich sein

Alles gelogen! Alles gelogen!

Du hast mich um meinen Glauben betrogen
Die kleine Insel bist du nicht
und ich muss täglich kämpfen
Oft ist auch nicht mal Land in Sicht
mich stützt nur meine Zuversicht
Denn ich bin stark und schaff sie mir selbst
die kleine Insel in mir

Wenn die dunklen Wolken kommen

Ich habe geglaubt
sie endgültig besiegt zu haben
die dunklen Wolken die unguten Gefühle
Doch nun sind sie herangezogen wie die dunklen
Wolken vor dem Gewitter
Sie sammeln sich und türmen sich auf
Sie wird spürbar die Macht die sich nicht mehr
unterdrücken lässt
Sie wartet auf den Ausbruch erst als unheilvolles
grummeln
und dann mit ganzer Wucht entlädt sich die
Anspannung
Da ist sie wieder die Wut über meine
Verletzlichkeit der Kontrollverlust
auferlegt aus gutem Grund
doch für meine Seele wie die Zerstörung
die ein Tornado hinterlässt
Aushalten durchhalten durch steuern
wie das Schiff das droht am Riff zu zerschellen
Ich suche den Himmel ab und hoffe auf einen
kleinen Fetzen blau
einen einzigen Strahl der Sonne
der meine aufgewühlten Gedanken zur Ruhe
bringt
der meinem verschütteten Inneren signalisiert

ES GEHT VORBEI !

Warum nur Mensch warum?

*Als Mensch lebst du so vor dich hin
leider manchmal ohne Sinn
Du besitzt zwar ein Gewissen
doch häufig denkst du drauf geschissen
edelmütig tolerant
die Worte sind dir unbekannt*

*Du nimmst dir was du grade willst
selbst wenn du es den Armen stiehlst
zerstörst die Welt durch Gift und Krieg
kämpfst für den Glauben ohne Sieg
schürst Hass und Missgunst bei den
Menschen
deine Wut kennt keine Grenzen*

*Hey Minusmensch ich frag dich hier
was bitte läuft da falsch bei dir?
Warum nur Mensch bist du so dumm
öffne die Augen sieh dich um!
Die Welt könnt soviel besser sein
wärst du nur gütig statt gemein*

*Vielleicht ist es noch nicht zu spät wenn ich
dir zeige wie das geht*

Ich bin

*Ich bin nur ein Mensch mit Ecken und
Kanten
verstehe die Welt schon lange nicht mehr
wo will ich hin wo kam ich her*

*Zu vieles prasselt auf mich ein ich fühl mich
hilflos und allein
Warum nur verletzen Menschen sich
Schwestern und Brüder dich und mich*

*Ich bin nur ein Mensch mit Schmerzen und
Narben
Liebe und Frieden Vernunft statt Gewalt
ich sehe in Augen die Blicke sind kalt
Die Herzen wie taub ich fühle die Angst
vor der eiskalten Hand die mich würgt*

*Auf der Suche nach mir an Grenzen gehen
wenn ich dabei falle lass ich es geschehen.
Freude und Glück wo sind sie geblieben
Ich hoffe so sehr auf ein wenig Frieden*

*Ich bin nur ein Mensch der nicht aufgibt und
glaubt
es gibt einen Weg der sich nur noch nicht
zeigt
und wenn ich ihn finde gebe ich euch
Bescheid*

Der letzte Tanz

Sternenzauber Lichterglanz
die Nacht ist voll Musik und Tanz
Pärchen drehen sich im Kreise
bei dir wirds innen drin ganz leise
sehnsüchtig denkst du nun zurück
wie du erlebtest dieses Glück
zärtlich gehalten geborgen und warm
lagst du beim Tanz in seinem Arm
oh wie lang ist das schon her
heute hält dich niemand mehr
alleine drehst du dich im Kreise
trägst Gedanken durch die Nacht
tanzt mit ihm auf deiner Reise
bis der Morgen bleich erwacht
mit sanftem Lächeln im Gesicht
so werden sie dich finden
engelsgleich im Sonnenlicht
am Platz unter den Linden

Zukunft ungewiss

Zukunft ungewiss
schwingt es in meinem Kopf

wie wird es weiter gehen
was bleibt und was verändert sich

Werden wir und wiedersehen
irgendwann in ferner Zeit

Wirst du glücklich werden
und dein Leben leben

Oder wird es auch für dich
keine Linie geben

Zukunft ungewiss
doch ich verzage nicht

irgendwann werde ich verstehen
das was da kommt wird gehen

Götter leben einsam

*Ganz allein muss er hier sitzen
oben auf des Berges Spitzen
in Einsamkeit und monoton
auf des Gipfels höchstem Thron
sinnlose Zeiten vertreiben
niemand dort unten sieht sein Leiden
auf die Menschheit blickt er nieder
und manchmal hört er ihre Lieder
was gäb er drum dabei zu sein
statt hier ganz oben so allein
im Vollmondlicht sieht man sie blitzen
die eingefroren Göttertränen
auf des Gipfels Spitzen*

Lebenszeit

Zuviel Zeit
damit verbracht

vor Menschen
weg zu laufen

oder

Menschen
hinterher zu laufen

das

hat mich
alt gemacht

die Zeit

die mir
noch bleibt

will ich nutzen

mit Menschen

die neben
mir laufen

Der weite Weg zurück zu mir

Lange bin ich schon gegangen
immer voran kein Blick mehr zurück
verdrängen alles Bangen alle Pein
nie wieder so verletzlich sein
doch dieser Weg ist einsam und leer
oft steinig uneben und schwer
so manchen habe ich dabei verloren
Freunde Familie und mich selbst
ewig traurig ohne Glück ohne Option
lachen oft nur ein aufgesetzter Ton
das Leben will ich so nicht mehr
es wird Zeit für meine Wiederkehr

Das Lied der Nachtigall

**Das Lied der Nachtigall
es dringt aus den nebligen Wogen
der Auen an mein Ohr
Tränen der Rührung
treten aus meinen Augen hervor
sie laufen über meine Wangen
und ich lass es zu
ich danke dir Nachtigall
für dein Lied
es half mir zu fühlen
das es mich noch gibt**

Elfchen

*Abhauen
ist leichter
als sich einzulassen
die täglichen Herausforderungen zu
leben*

*Tage
jeder anders
einzigartig großartig bösartig
für alle unterschiedlich erlebt
Tage*

*Schicksal
ein Rinnsal
das voller Mühsal
aus meiner Seele tropft
Trübsal*

Die Festung

Um dich zu schützen
Hast du eine Festung gebaut
Keiner kommt da hinein
Wenn du es nicht willst
Hohe Mauern und Zinnen
Eine Zugbrücke die du steuerst
Der Turm mit Glocken
Die bei Gefahr zu läuten beginnen
Dumm nur das du darin gefangen bist
Hab Mut und reiß die Mauern ein
Lass die Zugbrücke herunter
Und die Glocken zum Gruß läuten
Dann wird vielleicht aus deiner Festung
Ein offenes Schloss zu dir

Lebenslust statt Frust

2 Schritte vor und 3 zurück
kommst trotzdem vorwärts
Stück für Stück

Den Tag nicht vor dem Abend loben
bist schon zu oft
aufs Maul geflogen

Kommt Zeit kommt Rat
ist leicht gesagt
dein Ziel wird wieder mal vertagt

Doch irgendwann
ist doch zu spät
weil Phantasie nicht ewig lebt

Das Beste kommt
nicht erst zum Schluss
nee sie ist jetzt die Lebenslust

Nachgedanke

Wenn sich der Herbst zum Sommer schleicht
Sonnenschein dem Regen weicht
die Wiesen nass und matschig sind
der Nordwind frisch an Fahrt aufnimmt
der Landwirt um die Ernte bangt
das Korn verfault am Ackerrand
man mit dem Schnapsglas in der Hand
sitzt vorm Kamin statt frei am Strand
da nutzt es nichts herum zu stöhnen
wir müssen uns daran gewöhnen
der Mensch zerstört das was er liebt
weil er sich nie zufrieden gibt

Hör mich!

Trist und grau ist der November
täglich werde ich mir fremder
wenig Antrieb keine Lust
nichts geschafft ich schiebe Frust
ich vermiss den Sonnenschein
fühle mich einsam und allein
ganz viele Kerzen zünd ich an
weil ich es kaum ertragen kann
das späte hell das frühe dunkel
graue Suppe ohne Gefunkel
und die Trauerfeiertage
werden zusätzlich zur Plage
ich möchte Licht und Fröhlichkeit
für den Advent bin ich bereit
lass es ganz schnell Dezember sein
und vielleicht zur Weihnacht schnein
dann will ich tanzen und auch singen
mein altes Herz zum klingen bringen
bitte hör mein Stoßgebet
und hilf das es mir besser geht

Die Angst vor der Angst

Sie schleicht sich heran
pirscht sich langsam vor

So wie das Untier in der Nacht
ergreift sie über mich die Macht

Könnt ich sie doch sehen
vielleicht kann ich ihr wieder stehen

Sie wird erneut mich übermannen
zu gerne würde ich sie verbannen

Aus meinen Gedanken aus meinem Herz
herausreißen diesen grausamen Schmerz

Die Angst vor der Angst
wann hört sie auf?

bis

Worte und Taten

Gib deinen Worten Flügel
trag sie hinaus in die Welt
füll sie mit Liebe und Wärme
so werden Seelen erhellt
fange die die fallen
mit tröstenden Worten auf
gib ihnen neue Träume
sie warten schon lange darauf
hilf ihnen mit einem Lächeln
das Leben zu verstehn
es überträgt sich im Fluge
in ihren Augen wirst du es sehn
gib deinen Worten Taten
jeden Tag an jedem Ort
verschließe nicht deine Augen
denn bald schon bist du fort
dein Streben nach dem Glück
erfüllt sich nicht in großen Dingen
es sind die kleinen Taten
die das Glück dir bringen

Das Leben

Manchmal ist dein Leben schwer
Veränderungen schmerzen sehr

Manchmal ist dein Leben gut
Das macht dir sehr viel Mut

Manchmal ist dein Leben eine Last
Du glaubst du hättest was verpasst

Manchmal ist dein Leben locker
Dein Frohsinn reißt dich selbst vom Hocker

Manchmal ist dein Leben reich
Du fühlst dich wie ein Scheich

Manchmal ist dein Leben kalt
Deine Seele fühlt sich alt

Manchmal ist dein Leben bunter
Du fühlst dich jung und munter

Manchmal ist dein Leben dumm
Das haut dich um

Doch egal wie sich dein Leben benimmt
Wichtig ist nur, dass es für dich stimmt!

Was ich will !?

Was ich will oder auch nicht
hat nur für mich allein Gewicht
will loslassen was vergangen ist
und den Tag für mich entdecken
unter dem Stein und in den Ecken
das Wunder Leben neu erwecken
zu meinen Gedanken und Macken stehn
wieder erkennen die Welt ist schön
sie wartet auf mich und reicht mir die Hand
ich ziehe hinfort von Land zu Land
vielleicht triffst du mich auf meinem Weg
dann sei so gut bewerte mich nicht
denn was ich mache oder auch nicht
hat nur für mich allein Gewicht
doch begleite mich wenn du magst ein Stück
vielleicht färbt es ab mein Lebensglück

Die Liebe

Jeder hat sie schon erfahren
in jungen mittel alten Jahren

Zuerst als Kind das ist doch klar
war die Mutterliebe da
Du brauchtest dich um gar nichts sorgen
warst wohlbehütet und geborgen

Als Teenie dann der erste Schwarm
das Herz es hüpft und dir ist warm

Als junge Frau da triffst du dann
den einzig waren Supermann
Er verspricht das ist doch klar
von jetzt an ist er für dich da
Du bräuchtest dich um gar nichts sorgen
wärst behütet und geborgen

Als reife Frau da sitzt du da
und denkst ob das schon alles war
Du wartest auf ein liebes Wort
doch dein Mann ist lang schon fort

Die guten Freunde sind geblieben
und werden sich auch weiter sorgen
so bleibst du immer noch geborgen

*Als alte Frau weißt du genau
auch wenn die Liebe kurz nur war
dein ganzes Leben war sie da*

*Gehst du dann eines Tages fort
an diesen wunderschönen Ort
dann ist die Liebe wieder da
denn Gott der ist dir immer nah
Wird dich behüten und umsorgen
bei ihm da fühlst du dich geborgen*

Tag am Meer

Die Wellen rauschen laut heran
und bilden große Bogen
Schaumkronen tragen sie daher
tanzen in wilden Wogen
prallen auf die Felsen auf
spritzen in die Höhe
ziehn sich in die Tiefe zurück
bauen Türme Stück für Stück
um im wiederkehrenden Reigen
sich erneut vorm Strand zu zeigen
Möwen schreien laut ihr Lied
ein Segelschiff vorüberzieht
alles was zählt ist das jetzt und hier
der Körper entspannt
der Kopf ist leer
es braucht nicht viel
nur ein Tag am Meer

Ohne Wenn und Aber

Ohne Wenn und Aber
gäb es weniger Gelaber
auch das Spontane geht verloren
dringt eins der Worte in die Ohren

denn wird gedacht und diskutiert
ob und wie wohl etwas wird
bringt dich das im Leben weiter
wär es anders nicht gescheiter
kannst dieses oder jenes machen
aber keine halben Sachen

ich stell mir vor was wär der Lohn
ohne Wenn und ohne Aber
nicht Diskussion nicht Rumgelaber

Freiheit! Abenteuer! Leben!

Einfach mal nur Ich sein eben!

*Wenn Feen
ihren Staub verlieren*

und das Einhorn seine Magie

*wenn Magier
nur noch Zauberer sind*

und Drachen nicht mehr fliegen

*dann wird es Zeit
nach dem Glauben zu suchen*

Die Hütte

In Gedanken wandere ich zurück
in die Hütte für mein inneres Glück
nun bin ich dort an jenem Ort
lass mich treiben
immer weiter fort
in ruhige Wälder oder auf stürmische Seen
begleitet von Fabelwesen und Feen
kann träumen so wie ich es will
und um mich herum wird alles still
ich fühle mich wohl
bin sicher und warm
wie ein kleines Kind
bei der Mutter im Arm
solange es meine Hütte gibt
mein inneres Glück niemals versiegt

Mutterliebe

**In Treue ergeben
dein Herz tapfer schlägt**

die Liebe wie Eisen so stark

**mit der endlosen Ehrlichkeit
wie es nur eine Mutter vermag**

**innig geliebt
und behütet das Kind**

selbst... wenn es im Chaos versinkt

Die Sanduhr

Er rieselt sanft hindurch

ganz feiner Sand

lautlos gleitend

Zeit

beim ablaufen

beobachten zu können

bis zum letzten Korn

Das Streben des Künstlers

Wenn der Poet um Worte ringt
der Harfe letzter Ton verklingt
es dunkel wird im Schauspielhaus
nachdem der Vorhang sinkt
dann geht der Künstler still hinaus
und denkt nochmal zurück
an Ovationen und Applaus
das ist sein Streben ist sein Glück
nur das bleibt in Erinnerung
vergessen Frust und Leid
so geht es weiter Tag für Tag
in alle Ewigkeit

Wie Schätze entstehen

Die alte Kiste ohne Glanz
stand an der Wand bei Opa Hans
auf den Sperrmüll sollte sie
weil schon wacklig und verquollen
auch ließ sie sich nicht mehr rollen
als ich das gute Stück erblickte
kam es mir in meinen Sinn
zu schade wärs sie weg zu werfen
die bekomm ich wieder hin
schnell noch einen Plan gemacht
und los gehts wär doch gelacht
etwas neue weiße Farbe
auf das ausgeblichen Holz
ein Relief aus Fliesenresten
kunstvoll in den Deckel setzen
die Beschläge aufpolieren
weg sind Riefen und auch Schlieren
nun noch ein paar Rollen dran
damit man sie verschieben kann
jetzt steht sie da im neuen Glanz
das freut besonders Opa Hans

Herzklang

Wenn dein Herz spricht
dann hör genau hin
unterbrich es nicht
denn das hat keinen Sinn
es zeigt dir den Weg
egal wohin die Reise geht
lass es einfach zu
und wachse daran
zu überwinden
was sonst niemand kann
wenn dein Herz dir sagt
lebe
jeden noch so verdammten Tag
weil keiner außer dir es vermag
egal wie es ist
auch wenn es schmerzt
du wirst bestehen
hör nur auf dein Herz
kommst du zur Ruhe
und bleibst Optimist
dann schlägt es mit Liebe
selbst
wenn du es vergisst

Vollmond

Vollmond
du weißer Leuchter in der Nacht
wieder kein Auge zugemacht

dein Schein bedeckt die ganze Welt
selbst dunkle Wälder sind erhellt

verdrängst der Sterne Silberglanz
Schnuppen verglühen sanft beim Tanz

Wölfe heulen dir ihr Lied
ein Schauer über Leiber zieht

die Gezeiten ändern sich
ohne dich gäb es sie nicht

ich mag dich alter Weißplanet
fürs Schlafen ist es längst zu spät

also starre ich dich an
auch noch den Rest der hellen Nacht

bis dann mein Wecker klingelt
nachher so um halb acht

Die größten Geschenke

*Die größten Geschenke sind die, die nichts
kosten
Ein Lächeln ein freundliches Wort eine
helfende Hand*

*Doch warum fällt es uns so schwer
diese Geschenke zu verteilen*

*Glauben wir sie wären nichts Wert
weil sie kein Preisschild tragen*

*Oder haben wir sogar Angst
Ablehnung zu erfahren*

*Wenn der Schatten nicht übersprungen wird
und der Mut nicht siegt*

*Werden wir wohl nie begreifen
wie viel Wert in kostenfreien Geschenken liegt*

Du bist

Du bist eigenartig
danke
das freut mich sehr

denn eigen sein in seiner Art
fällt den meisten schwer

Du bist einzigartig
danke
das freut mich noch mehr

denn einzig und nicht artig sein

ist immer mein Begehr

Ich bin angekommen

zurück in meine Vergangenheit
aber nur hin und wieder
von Zeit zu Zeit

dabei stets darauf bedacht
nur schöne Szenen abzurufen

in Gedanken blöd zu grinsen
weltentrückt verzückt zu sein

manchmal auch nach vorne blicken
welche Träume ich noch hab

mir auszumalen wie es geht
wenn ich es irgendwann erleb

die Welt umrunden Menschen treffen
unbeschwert so wie ein Kind

in Gedanken frech zu kichern
beseelt und leicht verrückt zu sein

jeden Tag im Heute leben
Kleinigkeiten die mich freun

endlich bin ich angekommen
bin glücklich auf der Welt zu sein

Mein Frieden

Ich steh am Meer und seh hinaus
alles was mein Herz beschwert
das schick ich mit den Wellen fort
weit weit weg an einen fernen Ort
dann fühle ich mich frei und klein
ich höre tief in mich hinein

Könnt das wohl mein Frieden sein?

Ich liege unterm Sternenhimmel
schaue weit hinauf
alles was meine Seele quält
schick ich dort oben rauf
dann fühle ich mich frei und klein
ich höre tief in mich hinein

Könnt das wohl mein Frieden sein?

Ich sitz an deinem Kinderbett
mein Sohn mein Sonnenschein
hör deinen Atem fließen
geliebt das sollst du sein
ganz ruhig schlägt mein Herz
es fühlt kein Schmerz und auch kein Leid
meine Seele ist befreit

Ich spür das ist mein Frieden!

Sommer – Sonnen – Neige

Die letzten warmen Strahlen auf meiner Haut
wohlig fast zärtlich zu spüren
Ein leichter Hauch von Wind
durchweht auf sanfte Weise mein Haar

Ach könnte es doch ein wenig länger Sommer
sein
ein kurzes Weilchen noch dauern

Das helle Licht des Tages
wird schon bald im Nebelmeer versinken
und statt der Singvögel Stimmen
vernehme ich nur noch die rauen Rufe der
Krähe

Ach könnte es doch ein wenig länger Sommer
sein
ein kurzes Weilchen noch dauern

Der weiße Nebel und der noch warme Regen
den der Herbstwind über die Felder treibt
auch er wird weichen
dem grauschwarzen Schleier der Dunkelheit

Ach könnte es doch ein wenig länger Sommer
sein
ein kurzes Weilchen noch dauern

*Der Winter wird kommen unvermeidbar und
kalt
was blühte ist vergangen, die Bäume kahl
unendlich trostlos hängen
die letzten Eistrauben an ihren Reben*

*Ach könnte es doch ein wenig länger Sommer
sein
ein kurzes Weilchen noch dauern*

*Doch es wird wieder sprießen
das junge Grün welches begraben lag unter
Schnee
langsam erwacht was der Winter zum schlafen
gebracht
zu neuem Leben und dem nächsten Sommer
entgegen*

Nachtschicht

Der Vampir erwacht in der Gruft
Ein süßlicher Duft erfüllt die Luft
Schon verspürt er in sich diesen Drang
Jagt durch die Nacht sucht seinen Fang
Sieht sie bei der Laterne stehn
Wo sich die leichten Mädchen drehn
An ihrem Hals die vollen Adern
Doch der Vampir gerät ins hadern
So blond so schön so bleich die Haut
Wie gerne hätt er sie zur Braut
Wär nicht mehr einsam in der Nacht
Die er stets allein durchwacht
Vielleicht würd sie ja mit ihm gehn
Das wäre wirklich wunderschön
Er schaut sie an im Vollmondlicht
Dann traut er seinen Augen nicht
Sie lächelt und er sieht sie blitzen
Von ihren Eckzähnen die Spitzen
Damit war für Beide klar
Ab sofort sind wir ein Paar
Auf ewig werden sie es wagen
Und fortan gemeinsam jagen

heiter

Lebensfreude

Es ist noch still am frühen Morgen

*Die Sonne lugt vorsichtig durch die kleinen
Wolken*

Noch wärmt sie nicht ist nur leicht gerötet

*Ich höre die ersten Vögel singen
und Schmetterlinge tanzen über Fliederblüten*

*Meinen Kaffeebecher in der Hand
beobachte ich und lausche*

*Ich höre weit entfernt ein erstes Kinderlachen
und das fröhliche Gebell des Nachbarhundes*

*So schön friedlich dieser Morgen
So schön friedlich in mir*

Morgens

Morgens wenn ich früh aufstehe
und in meinen Spiegel sehe
stell ich fest was für ein Schreck
Noch eine Falte so ein Dreck

Ich creme hier und schmiere da
doch das Mistding macht mir klar
egal wie ich mich auch gestalte
langsam werd ich doch ne Alte

Jetzt hör ich mich leise sagen
du musst es nur mit Fassung tragen
Die Falte mehr ist gar nicht schlimm
denn wirklich schön bist innen drin

Rumpelstilzchen

Sag mir mal wer kennt sie nicht
vom fiesen Männchen die Geschicht
Der wollt das Kind der Königin
nur Gemeinheit war in ihm
Er hüpft ums Feuer sang ein Lied
das sein wahres ich verriet
Doch was er noch sang dieser Mann
kam bei Hofe niemals an
Nun ist es endlich an der Zeit
ich verkünd es weit und breit

Ach wie gut das keiner weiß
dass ich in den Wald rein scheiß
Auch die Wege mach ich nass
für mich ist das der größte Spaß
Die Königin die tritt da rein
ich lach mich tot ich bin ein Schwein

Das Ende von dem garstig Ding
kennt jeder Greis und jedes Kind
nicht tot gelacht doch sich zerrissen
was geht er auch im Walde pissen

Die Moral von der Geschicht
in die Gegend macht man nicht

Drachen

**Drachen tummeln sich im Wind
steigen hoch hinauf**

**An der Schnur gehalten aus Papier gefalten
manche auch gekauft**

**Kinderaugen leuchten haben Spaß dabei
ein wundervolles Treiben
nun tanzen sie im Reigen
ganz oben und so frei**

**Ich stell mir vor ich fliege mit
vom Wind ganz sanft getragen
ohne Furcht mit Leichtigkeit
so wie in Kindertagen**

**Ach könnt es ewig weiter gehen
mit Drachen fliegen ist so schön...**

**werde gerissen aus dem Traum
mein Drache hängt in einem Baum**

Der Apfel

Mein Apfel glänzt in schönem rot
aufpoliert durch Wachs

Gehört zur Handelsklasse Eins
das war für ihn ein Klacks

Gereift ist er im Sonnenlicht
an einem alten Baum

Sein Duft die halbe Welt besticht
er ist ein wahrer Traum

Kein noch so kleiner Makel ist an ihm zu
sehen
deshalb bin ich ganz verzückt
bleib lange vor ihm stehen

Zum essen ist er fast zu schade
drum schiebt man raus seinen Genuss

Doch wartet man zu lange Zeit
dann gibt es nur noch Apfelmus

Mensch sein

Du plumpst auf die Welt bist einfach nur da
die Haut ganz faltig und ohne Haar
Als kleines Menschlein unschuldig und rein
schleichst dich ohne Mühe in Herzen hinein
Alle kommen von nah und fern
ein jeder hat dich zum fressen gern
Geschenke und vielerlei Gaben
davon wirst du reichlich haben
Jedenfalls im ersten Jahr
dann weniger wie sonderbar
Sobald du widersprechen kannst
verlierst du deinen Zauberglanz
Aus dem Menschlein süß und klein
wird Monsterchen laut und gemein
Bist du erst im Kindergarten
kannst du die Schulzeit kaum erwarten
In der Schule heißt es dann
du musst lernen für das Leben
Mathe Deutsch und Bio eben
Dann fragst du dich als Pubertist
wozu das wohl brauchbar ist
Kommst du aus der Schule dann
fängt der Ernst des Lebens an
Abschluss Lehre Studium gar
für die Zukunft ist doch klar
Später einen Partner finden
sich mit Trauschein an ihn binden
Eine ganze Kinderschaar

Haus und Garten wunderbar
Auf deiner Kariereleiter
geht es nach oben immer weiter
Im Leben viele Reisen machen
und mit guten Freunden lachen
Viele Jahre glücklich sein
gesund und munter das ist fein
Als alter Greis sitzt du dann da
hast viele Enkel und graues Haar

und du denkst dir insgeheim...
das was ich erleben durfte
all das bedeutet Mensch zu sein

Quatschgedicht

Es war einmal eine Ratte
die lief auf eine Matte
so flockig weich wie Watte

Das sah die Maus mit Namen Klaus
und rannte flux durchs ganze Haus
zur Tür hinein zum Fenster raus

Dies wunderte die kleine Laus
die dachte nur Herjemine
und verkroch sich schnell im Klee
der noch gebettet unter Schnee
am Wege lag bei dem Café

Davor stand eine alte Tonne
auf die schien nachmittags die Sonne
sich dran zu wärmen war die Wonne
da ist man gerne eine Brezel
oder löst ein Kreuzworträsel

Schlafenszeit

*Fast schon ist es wieder Nacht
hab alle Lichter ausgemacht
Des Tagesarbeit ist geschehen
kann beruhigt ins Bettchen gehen
Nun lieg ich hier komm nicht zur Ruh
denn es deckt mich niemand zu
Was hör ich da ist das ein Engel?
Nein es ist mein Lausebengel
Er steht vor mir
sagt Mama du
heute decke ich dich zu
dann kriegst du noch nen kleinen Kuss
Nu ist Schluss*

Wenn der Tag erwacht

*Der Nebel erhebt sich über den Feldern
in wabernden Wogen steigt er hinauf
zu den vom ersten Tageslicht durchdrungenen
Wolken
im zarten Sonnenlicht löst er sich sanft auf
jetzt ist sie zu sehen die Schönheit des Tages
im roten Glanz der Morgensonne*

Frühlingsgedicht

*Erinnerst du dich noch genau
an den ersten Frühlingstau
das Zwitschern der Vögel hoch im Baum
die Schneeglöckchen am Wiesen Saum
der allererste Schmetterling
wie eine Brosche am Flieder hing
Bänder gedreht am Maienbaum
Mädchen die tanzen im Morgengrauen
es hüpfen die Fröschlein im Weiher herum
und Bienchen sie fliegen mit leisem gesumm
Verliebte turteln Hand in Hand
durch von Blüten gespicktes Frühlingsland
Grillen zirpen ihr Liedchen im Grass
die Alten erheben zum Wohle ein Glas
sie denken an die Zeit zurück
als sie noch jung und leicht vor Glück
erinnerst du dich noch genau
an deinen ersten Frühlingstau?*

Das Stachelschwein

Ein Stachelschwein wer weiß das nich
es trägt die Waffen stets bei sich
kletterst du auf seinen Baum
um die Früchte dort zu klaun
trifft dich nicht Feuer oder Blitz
sondern der Schweinestachel spitz
er geht durch Leder und dickes Tuch
es rettet dich kein Zauberspruch
auch wenn du hier um Gnade flehst
der Stachel trifft dich im Gesäß
du schreist und hüpfst im Zirkel Kreis
die schlechte Tat hat ihren Preis
das Schwein es grunzt und sieht dein Leid
ja, das ist wohl Gerechtigkeit

Der Bach

**Ein Rinnsal vom Regen entstanden
schlängelt sich die Straße hinab
am Gullideckel stürzt es sich keck
nach unten in die Tiefe**

**Wo fließt es wohl hin kommt es mir in den
Sinn
vielleicht in den kleinen Weiher
wo die Mühle am Dorfrand steht
und mit seinem Rad das rauschende Wasser
bewegt**

**Oder in das Bächlein
das sich durch den grünen Farn des Waldes
windet
in dem Molch und Frosch einen Laichplatz
findet**

*Vielleicht fließt es auch weiter zum großen
Strom
der schlussendlich in eines der Meere mündet
und sich dort mit dem salzigen Nass verbindet*

*Ich denke es wäre doch wirklich schön
mit dem kleinen Rinnsal auf Reisen zu gehen*

*Doch während ich den Gedanken zu Ende
gedacht
hat die Sonne das Rinnsal zum Trocknen
gebracht*

Oxymoron

Vom Nebel trüb der klare Morgen
im hohen Tal der Esel rief
auf das der Almwirt tief am Berge
ganz langsam schnell zur Hütte lief
um zu holen süße Bohnen
die sauer eingelegt im Glas
in der Kälte großer Hitze
sind frisch vergammelt eingemacht
damit es Vielen wenig nütze
in Sternen heller dunkler Nacht

Wenn wir nochmal Kinder wären

Kleine Füßchen trappeln schnell
Stimmen lachen laut und hell

Augen leuchten voller Glanz
Körper drehen sich beim Tanz

Eins zwei drei wer fängt den Ball
Flinke Hände überall

Ganz egal ob schwarz ob weiß
Junge Frauen alter Greis

Für Kinder gibts kein Unterschied
Jeder spielt ganz einfach mit

Alle haben Spaß dabei
Das Drumherum ist einerlei

Deshalb ihr Menschen denkt zurück
An das freie Kinderglück

Aller Anfang ist schwer

*Es war einmal zu einer Zeit
da trug die Königin kein Kleid*

*Sie hatte lieber Hosen an
und ritt zu Pferd so wie ein Mann*

*Auch mit dem Degen kämpfte sie
zwang manchen Ritter in die Knie*

*Zum Leid der Mutter war sie nie
besonders sittsam oder leise*

*Im Gegenteil, sie trank gern Met
und sang auf laute derbe Weise*

*Sie führt mit guter Hand ihr Land
ist über Grenzen wohl bekannt*

*Die Königin die war kein Mann
doch sie schafft das was Frau nicht kann*

Nur geträumt

Wie eine Elfe in Midgards Wald
führe ich ein glückliches Leben
leicht und schwungvoll
im Reigen über Wiesen schweben
von Tautropfen nippen
die auf grünen Blättern blinken
gemeinsam mit Freunden
aus Blütenkelchen Honignektar trinken
ernähren von dem, was der Wald offenbart
Beeren und Pilze von vielerlei Art
nur umgeben von Mutter Natur
fröhliches glückliches Leben pur
nie mehr Angst und Bangen
in Liebe und Frieden eingefangen
die innere Ruhe berühren
Wärme im Herzen spüren
meine Seele ist erfüllt
die Sehnsucht endlich gestillt
den immer gleichen Wandel durchleben
von der Natur so vorgegeben
vom ersten sprießen der jungen Moose
über die Blüte der Buschwindrose das
Verfärben der Laube so bunt und schön
zur Jahres Neige den Wald unter
Schneedecken sehn
alles zum Eintauchen in Träume gemacht
ich wünschte ich wäre nie wieder erwacht

Sonnenuntergang

Die Sonne sich rot zur Erde neigt
kurz bevor der Mond sich zeigt

Jetzt wird es still auf dieser Welt
der Abendstern blinkt am Himmelszelt

Hase und Reh begeben sich zur Ruh
Eule und Käuzchen sehen dabei zu

In Decken eingewickelt
sitzt die Oma auf der Bank

Trinkt ihren Tee mit Rum
dann wird sie auch nicht krank

Ist die Sonne dann versunken
grinst Oma glücklich und leicht trunken

Bettet sich zur guten Nacht
bis die Sonne neu erwacht

Edelbart

Ein Baum mit Namen Edelbart er steht vor
meinem Haus
er sieht für jeden ders nicht weiß nur ganz
gewöhnlich aus

Ich kenn ihn schon mein Leben lang hab oft
bei ihm geweint
unter der Blätter grünem Dach war ich mit
ihm vereint

Er gab mir Trost und schützte mich, wenn ich
so bei ihm saß
auf seinen Ästen wippte ich das war mein
größter Spaß

Der Baum mit Namen Edelbart der hörte
immer zu
und mancher schöne Nachmittag verging bei
ihm im Nu

Mein Baum er wurde mit mir alt und hat
soviel erfahren
so manchen klitzekleinen Brief fand ich bei
ihm nach Jahren

Dort wo ich ihn versteckte das niemand ihn
entdeckte
schmunzelnd lese ich die Zeilen bleibe bei ihm
zum Verweilen

Mein lieber guter Edelbart du Baum aus
Kindertagen
vieles haben wir geklärt doch bleiben auch
noch Fragen

Deine Äste sind heut morsch dein Blattwerk
ist verwittert
ich kann es hören kann es sehn dein
Espenlaub es zittert

Nochmal umarme ich den Stamm und spür
den Frieden wieder
ich lausche tief in mich hinein und fühl
erneut ein Kind zu sein

Auch wenn die Andern es nicht sehn
für mich da bleibst du stark und schön

Ein Baum mit Namen Edelbart er steht vor
meinem Haus
er sieht für jeden ders nicht weiß nur ganz
gewöhnlich aus

Mein Enkelkind

noch nicht geboren und doch schon so geliebt

geschützt in Mutters Schoß

gestreichelt, ohne berührt zu werden

liebevoll gekost mit leisen Worten

freudig erwartet

riesiges Glück

Winzling unschuldig und rein

bald wirst du die Herzen erstürmen

Geburtstagsgedicht

Zum Geburtstag wünsch ich dir
ganz viele schöne Dinge

Ein Lächeln auf deinem Gesicht
ein liebes Wort in deinem Ohr
ein warmes Gefühl in deinem Herzen

Menschen die dich lieben
Freunde die dich schätzen
Bekanntschaften die sich ergeben

Und natürlich ein langes Leben

Klopapier

Klopapier Ick liebe dir

biste doch so weich an mir

lässt dich soft nach unten rollen

viel oder wenig

wie wirs wollen

und wenn dein letztes Blatt jerissen

kann man dich och sehr vermissen

dann sitzt man da am stillen Ort

und nutzt statt dir jeschriebnes Wort

denn zum Glück wie wunderbar

is noch die alte Zeitung da

Wettervorhersage

Der Himmel ist blau

Die Sonne lacht

Das hat der Petrus gut gemacht

Also geht in den Garten

Oder in die Natur

Genießt die Stunden

In Wald und Flur

Denn wer weiß

Wie lange es so ist

Bis es wieder vom Himmel …….

Das Beste kommt zum Schluss

Es ist mir Bedürfnis und kein Muss

Danke

Für Maximé

Tochter

Dein unruhiger Geist
hält mich auf Trab

Dein Leben ein ständiges
auf und ab

Du weißt was du willst
doch der Weg fällt meist schwer

Deine Gedanken sie schwanken
mal hin und mal her

Dein Wesen wild und ohne Spur
so bist du nun mal es ist deine Natur

Schlussendlich erreichst du immer das Ziel
auch wenn sich dein Weg dahin schlängelt

Jedoch nur wenn du es willst
nicht wenn dich jemand drängelt

Mein Wildfang mit dem roten Haar
egal was kommt
Ich bin für dich da

Für Leon-Maximilian

Für einen ganz besonderen Menschen

*Manchmal wünscht ich mir
die Welt mit deinen Augen zu sehen
sie wäre sicher wunderschön*

*Du wirkst zufrieden so in dir
du bist da und doch nicht hier*

*Dein Start ins Leben war so schwer
nur eine Hand voll Kind
zu früh zu klein und doch so stark
du hast mit aller Kraft gekämpft
so wie ein Stehaufmännchen*

*Die Angst sie war mir oft so nah
doch auch die Hoffnung war stets da*

*Für manche bist du nicht perfekt
doch das ist mir egal
dass du nicht sprichst nicht läufst
und fast nichts siehst
Na und! Es gibt nur eins was wichtig ist deine
Seele ist gesund*

Du bist ne wahre Frohnatur
du lachst und steckst mich an
du gibst mir Kraft
damit ich weiter machen kann

Ohne dich mein lieber Sohn
wär jeder Tag nur öd und leer
Du bist mein Engel bist mein Stern
ich möcht dir soviel geben

Doch vor allem wünsch ich dir
ein wundervolles Leben

Für Philipp

Mutterglück

Es hieß es würde nie geschehen
nun darf ich in dein Gesicht ansehen
die kleinen Händchen greifen
zärtlich deine Wangen streifen

Mein Sohn du bist geboren!

Es wird nicht immer einfach sein
den rechten Weg zu finden
doch auch die schweren Zeiten
werden wir überwinden

Mein Sohn du bist mein Glück!

Es braucht Geduld und Zuversicht
dein Leben zu begleiten
ich steh zu dir mit aller Kraft
auch wenn wir manchmal streiten

Mein Sohn du bist mein Halt!

Nun bist du längst ein Mann
hast selber Frau und Sohn
auch wenn es mal nicht einfach ist
ich weiß du machst das schon

Mein Sohn du bist mein Stolz!

Heute blicke ich zurück
spür dieses friedliche Gefühl
ganz tief in meinem Herzen

Ich nenn es Mutterglück!

Das Schreibprojekt
warum bin ich hier
ich will es dir sagen...nein
ich schreib es auf Papier
es hilft mir Gedanken loszulassen
sie als Text oder Vers zusammen zu fassen
lange Zeit konnte ich das nicht mehr
doch mit der Schreibwerkstatt
kam meine Wiederkehr
meine Gedichte sind nicht immer klar
zuweilen sogar auch mal sonderbar
sie spiegeln wieder was mich bewegt
für mich ist es das worum es geht
solange ich kann werde ich weiter machen
Reime verfassen zum Weinen und Lachen
zum Denken, zum Handeln und zum
Provozieren
um mich nicht wieder im Nichts zu Verlieren

Petra Meyer

Über die Autorin

Petra Meyer

geboren und aufgewachsen in Braunschweig

**Mutter und Oma mit Leidenschaft und
Abenteuerlust im Herzen**

**Nach mehr als 60 Jahren Lebenszeit möchte
sie ihre oft ironisch, meist humorvoll und
manchmal nachdenklich gestimmten Texte
nicht länger nur für sich behalten.**

**Bisher erschienen: 05.09.2024
Kurzgeschichtet (m)Eine Seele erzählt
Verlag:BoD ISBN:978-3-75979385-0**